27
L n 1885 2.

AF240278

Conserver la Couverture

ÉLOGE

DE

M. DE SERRE.

DISCOURS

PRONONCÉ PAR M. JULES POULET,

A la Séance d'ouverture des Conférences de l'Ordre des Avocats

A LA COUR IMPÉRIALE DE METZ,

Le 1er Décembre 1855.

Tum, pietate gravem ac meritis si fortè virum quem
Conspexère, silent, arrectisque auribus adstant;
Iste regit dictis animos, et pectora mulcet.

Énéide, liv. I.

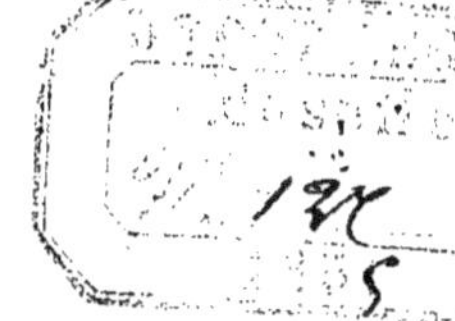

METZ,

IMPRIMERIE DE Vᵉ MALINE, RUE COUR-DE-RANZIÈRES.

1855.

ÉLOGE

DE

M. DE SERRE.

DISCOURS

PRONONCÉ PAR M. JULES POULET,

A la Séance d'ouverture des Conférences de l'Ordre des Avocats

A LA COUR IMPÉRIALE DE METZ,

Le 1ᵉʳ Décembre 1855.

Tum, pietate gravem ac meritis si fortè virum quem
Conspexére, silent, arrectisque auribus adstant;
Iste regit dictis animos, et pectora mulcet.

Énéide, liv. I.

MESSIEURS,

Un usage déjà consacré par le temps et même par des succès qui font, souffrez que je le confesse, tout à la fois ma crainte et mon émulation, veut que nous inaugurions la reprise de ces conférences par l'éloge de l'un de nos anciens qui, en joignant le mérite de bien faire à celui de bien dire, nous ont enseigné nos devoirs avec le plus d'autorité par leurs exemples.

Cette année, le choix du Conseil, par une fortune dont j'ose, quels qu'en soient les périls, me féliciter, s'est fixé sur un nom qui sera à jamais l'honneur de ce barreau, où il a commencé à

1855

poindre, la gloire de la tribune, où il a brillé d'un incomparable éclat, et le regret éternel de la France, à qui il rappellera, jusque dans la dernière postérité, l'intime union des vertus du patriote, du génie de l'orateur et des vues élevées de l'homme d'Etat.

Je viens donc vous parler de M. de Serre. Si l'admiration pour une si noble figure pouvait me tenir lieu d'inspiration et de talent, je serais sûr de le peindre comme il a vécu au milieu des générations que nous commençons à remplacer, et comme quelques-uns d'entre vous ont eu le bonheur de le connaître. Mais, pour vous obéir et pour témoigner de ma bonne volonté, je ne puis aspirer qu'à entreprendre une ébauche. Du moins, l'inévitable disproportion de mes forces et de ma tâche m'assure à l'avance, sans que j'aie be-soin de la réclamer, une indulgence que je veux devoir encore au pieux intérêt que vous attachez tous à mon sujet.

Pierre-François-Hercule de Serre naquit à Pagny-sous-Preny, près de Pont-à-Mousson, le 12 mars 1776. Il appartenait à une fa-mille d'ancienne noblesse qui avait occupé, sous les derniers ducs de Lorraine, de hautes positions dans les conseils du souverain et dans la magistrature. Son père, officier de cavalerie au service de France, désirait qu'il suivît, comme lui, la carrière militaire, et le fit admettre de bonne heure à l'école d'artillerie. Il est permis de supposer qu'en prenant l'épée, M. de Serre obéissait au vœu de son père plutôt qu'à sa propre vocation. Il était, en effet, d'une douceur de caractère et d'une sensibilité extrêmes, et semblait, dès cette épo-que, préférer à tous les plaisirs ceux qu'on goûte au sein de la famille. D'un autre côté, la vive ardeur et l'aptitude singulière qu'il avait montrées pour l'étude devaient lui faire rechercher plus volontiers les fonctions qu'avaient si noblement remplies ses ancêtres.

Il venait, néanmoins, d'entrer à l'école d'artillerie quand l'entraî-nement de l'émigration l'arracha à son pays et aux siens. Il n'était alors qu'un enfant : il n'avait pas seize ans. L'enthousiasme de la jeunesse, la contagion de l'exemple et des conseils auxquels il ne lui était guère possible de résister, le firent tomber dans une faute qu'il regretta, dès qu'il put la comprendre.

Jeté à seize ans sur le sol étranger, loin de sa famille et sans autre ressource que son épée, il alla offrir ses services à ceux pour lesquels il avait quitté le drapeau de la France. Il apporta à la défense de leur cause ce dévouement, ce sacrifice de lui-même qu'il ne sépara jamais d'aucune de ses entreprises.

D'abord simple soldat dans les chasseurs nobles de Condé, plus tard sous-officier dans le corps allemand de Viomesnil, il s'éleva par son seul mérite, et au milieu d'une armée à moitié composée d'anciens officiers, au grade de lieutenant dans la trop célèbre légion de Mirabeau.

Cependant, son service militaire ne fut jamais pour lui qu'une nécessité pénible imposée par son nom, sa famille et sa position. Dès qu'il en avait exactement rempli les devoirs, il courait reprendre des occupations plus conformes à ses goûts et à son caractère. Tous les instants dont il pouvait disposer, il les consacrait à son instruction; sa passion pour l'étude était si ardente qu'au sein des dures privations de l'exil et des embarras de la vie militaire, il trouvait encore moyen de la satisfaire en s'imposant un surcroît d'obligations et de privations nouvelles. Pour venir en aide à un travail que le mouvement des opérations de la guerre troublait sans cesse, on le voyait rechercher la société et la conversation des hommes dans lesquels plus d'âge et d'expérience lui faisait espérer de trouver plus d'instruction. Il recueillait avec un soin avide la substance de leurs entretiens, et rentré chez lui, rendu à lui-même, il en nourrissait son esprit par la méditation. Lorsque moins d'instabilité dans son existence lui permit de s'abandonner sans réserve à ses goûts, il embrassa avec une activité dévorante tous les genres d'études qui pouvaient solliciter son esprit. Voulant tout apprendre, il aborda tout : littérature, histoire, philosophie, sciences exactes. Grâce à une intelligence d'une pénétration aussi sûre que rapide et à une merveilleuse faculté d'appropriation, en peu de temps la langue allemande lui devint familière. Ce fut pour lui une précieuse ressource dans un pays où les ouvrages français lui auraient souvent manqué. Il étudia de préférence la philosophie allemande; aussi garda-t-il toujours depuis, dans sa méthode comme dans ses idées, quelque chose de l'école qui avait, pour une si grande part, contribué à le former.

Cependant les yeux sans cesse tournés vers la France, il suivait attentivement les discussions de nos assemblées délibérantes, il étudiait, non pas pour la satisfaction calme de la spéculation, mais avec le vif intérêt d'un acteur qui aurait été mêlé à leurs débats, les hautes questions qui s'y agitaient au milieu des orages. C'est ainsi que de bonne heure, il comprit la révolution et ce fut pour lui, plus tard un inappréciable avantage de s'être initié, si jeune, à ses grands principes, à ses tendances nouvelles, et surtout d'en avoir gardé le souvenir.

Pendant que par ces utiles travaux, il ajoutait chaque jour à la somme, déjà si considérable, de ses connaissances, et que son esprit, pourtant si vaste, semblait sans cesse s'élargir pour contenir tant de richesse conquises durant un triste exil, les épreuves de la vie lui rendaient un autre service : son caractère en se trempant, pour ainsi dire, dans l'adversité, y contractait cette intime énergie qui l'a fait depuis résister, sans fléchir, au choc des événements. Le temps passé loin de la patrie profite mieux aux natures d'élite : il hâte chez elles la mâturité de l'intelligence ; en fortifiant l'âme et le cœur, il fait naître en même temps, avec la passion des grandes choses, la résolution pour les entreprendre et la patience pour les accomplir. L'exil fait plus encore : il apprend à aimer la patrie. M. de Serre aimait la sienne jusqu'au sacrifice de toutes ses affections On l'a entendu souvent prononcer ces belles paroles : « Mon pays « avant tout, les hommes quels qu'ils soient ne viennent qu'après. » Toute sa carrière a montré en effet qu'il pensait ainsi.

Jamais ce sentiment n'éveilla chez lui de préoccupation personnelle ; jamais son intérêt n'exerça une influence quelconque sur ses opinions. Il le prouva dès sa jeunesse, commencée pourtant sous des auspices bien propres à le désenchanter de la liberté : ni l'abaissement de la noblesse, ni les souffrances de l'émigration, ni la ruine de sa famille ne purent le faire renoncer à des principes au nom desquels la fatalité voulait qu'il subît la persécution. Il fut un des rares émigrés qui, victimes des excès de la révolution, rapportèrent néanmoins en France, lorsque l'apaisement des passions leur en rouvrit les portes. une foi ardente dans les grandes idées que son triomphe avait consacrées.

Mais le temps de l'exil fut long pour lui: depuis cinq ans il avait quitté la France, il éprouvait un irrésistible besoin de la revoir et d'embrasser une mère qu'il aimait autant qu'il en était aimé.

Un jour, ne pouvant plus supporter cet éloignement, du fond de l'Allemagne, il partit seul, à pied, sous un déguisement, et arriva à Pagny sans y être attendu. Pendant quelques jours, enfermé dans l'appartement le plus retiré du château, caché à tous les regards il se livra au bonheur de revoir tout ce qu'il chérissait. Puis il fallut repartir, car le danger était grand encore, le 18 Fructidor avait ramené des rigueurs nouvelles contre les émigrés, le mode de persécution seul avait changé: la déportation avait remplacé la guillotine.

Enfin, lorsque le gouvernement réparateur du Consulat. eut commencé à rouvrir les portes de la France aux émigrés, M. de Serre obtint de bonne heure, grâce aux instantes démarches de sa mère, d'être rayé des listes de bannissement. Il revint, au milieu des siens, jouir de cette douce et tranquille existence du foyer domestique qu'il avait si longtemps désirée, mais il ne revit plus le domaine de Pagny où s'étaient écoulées ses jeunes années. Sa famille, atteinte dans sa fortune par les événements politiques et par les sacrifices qu'il lui avait causés pendant son séjour à l'étranger, avait dû se dépouiller de ce précieux héritage de ses ancêtres; elle vivait à Metz, modeste et retirée, attendant avec résignation que M. de Serre, devenu son seul soutien, fît naître pour elle des jours meilleurs.—La nécessité est presque toujours un utile ressort dans la vie des grands hommes, elle stimule les efforts de leur génie, et en imprimant à leurs travaux une direction plus décidée, elle double leurs forces et communique aux résultats plus d'éclat et d'utilité.—Pressé par cette loi impérieuse, M. de Serre fit promptement le choix d'une carrière ; il voulut arriver à celle du barreau qui s'accordait mieux avec la pente de son esprit. — Cette résolution une fois arrêtée, loin d'être découragé par la longueur et les difficultés d'une pareille entreprise, il sentit à mesure qu'il s'avançait vers ce but, s'en accroître son énergie et sa persévérance. — L'étude du droit était, à cette époque, plus pénible qu'elle ne le fut jamais ; la révolution avait supprimé les écoles où il était enseigné, et pour se former à la connaissance d'une législation qui avait subi, au grand préjudice de sa clarté, toutes les vicissitudes de nos révolutions, les jeunes gens n'avaient pas d'autre moyen d'étude que la fréquentation du cabinet des praticiens ou des magistrats. C'est ainsi que M. de Serre s'attacha pendant quelque temps à M. Colchen, juge au tribunal d'appel, qui y remplissait, en l'absence de M. Périn, nommé tribun, les fonctions de commissaire du gouvernement. Il se forma sous ses yeux et par ses conseils à la pratique des affaires. Grâce à la direction sage et éclairée qu'il reçut de ce magistrat, grâce surtout à l'étonnante facilité que l'habitude du travail avait développée chez lui, il fut promptement en état de débuter au barreau. — Ses premières plaidoieries révélèrent tout à la fois, avec la solide profondeur et l'heureuse variété de ses connaissances, les facultés puissantes et la précoce vigueur de son esprit. Ces brillantes qualités étaient encore rehaussées par ces dons extérieurs mais précieux de la personne que la nature destinait chez lui à faire ressortir les autres.

Sa parole nette et claire, sonore mais sans éclat, d'une distinction infinie, d'une facilité aussi éloignée de l'effort que de la confusion, sagement mesurée et réglée avec art, avait pour tous ceux qui l'écoutaient le charme de l'émotion et de l'harmonie : on eût dit que chez lui l'éloquence coulait de source. Parfois il semblait que le cœur y dominât la raison, mais toujours elle y restait maîtresse d'elle-même ; seulement l'imagination y colorait les idées et les choses s'y imprégnaient de sentiment.

M. de Serre se défiait de son abondance même : une fois en public, il s'exprimait le plus souvent avec une lenteur que faisaient ressortir la rapidité habituelle de son langage et la vivacité de sa conversation.

S'il tenait de la nature tant d'heureux avantages, du moins, il s'était appliqué à les perfectionner par la culture. Peu d'hommes ont été aussi laborieux que lui. Il passait des nuits sur ses livres ou sur ses dossiers. Quelques personnes se rappellent encore, à Metz, avoir vu bien souvent éclairée, au milieu de la nuit, la petite chambre du jeune avocat. Située au dernier étage d'une des maisons les plus élevées de la place Saint-Louis , elle formait une sorte de phare pour les habitants du quartier, où chacun le connaissait.

Quelques années à peine s'étaient écoulées depuis que M. de Serre avait paru au barreau , et déjà il y occupait le premier rang. Parmi les causes qui contribuèrent le plus à fonder sa réputation, une, surtout, eut au dehors un certain retentissement. Il s'agissait d'une plainte en escroquerie formée par le chevalier Dixi contre M. de Balbi , qui passait pour le fils naturel d'un prince au service duquel les événements avaient déjà placé M. de Serre et devaient le remettre encore un jour. On reprochait à M. de Balbi , dont il présenta la défense, d'avoir escroqué aux Anglais retenus en otage à Verdun, ainsi qu'au chevalier Dixi , des sommes considérabes, soit par des tromperies au jeu, soit par d'autres moyens. Le talent de l'avocat, non moins que la singularité de l'affaire', fixa l'attention du gouvernement. Aussi , quelque temps après , lors de la réorganisation d'un nouvel ordre judiciaire, le duc de Massa ayant à pourvoir à une place de 1er avocat général à la cour de Metz , la fit spontanément offrir à M. de Serre. Le jeune avocat l'accepta. Il ne fit que passer dans ce poste déjà si élevé , et bientôt il fut appelé à celui de premier président de la cour que l'Empereur venait d'établir à Hambourg.

Dès ce moment il fut facile de prévoir à quelle haute destinée était réservé M. de Serre. Le premier président de notre siége, M. Voysin de Gartempe , entrevoyant en quelque sorte cet avenir , adressait à son nouveau collègue , la dernière fois que celui-ci porta la parole devant lui en qualité d'officier du parquet, des félicitations qu'il terminait par ces paroles du poète : « *sic itur ad astra.* »

La nouvelle cour était composée de magistrats choisis parmi les plus éminents des trois villes anséatiques de Brême, Hambourg et Lubeck.

La plupart avaient vieilli dans l'exercice des fonctions judiciaires, quelques uns étaient des savants renommés, tous possédaient cette érudition sans bornes qui distingue les jurisconsultes allemands. M. de Serre était peut-être le plus jeune membre de cette compagnie qu'il était appelé à présider. et qu'il devait, en lui enseignant le jeu de nos institutions, initier à la pratique de nos lois.

La difficulté d'une pareille tâche était encore augmentée par l'état d'agitation des esprits , dans ces contrées lointaines si soudainement réunies à la France.

Les populations regrettaient leurs antiques franchises et frémissaient sous la domination de nos armées. Les excès inséparables de l'occupation d'un pays conquis par des troupes victorieuses , amenaient, de la part de ses habitants, des actes de vengeance , sources de nouvelles rigueurs, et la qualité de français , malgré cette incorporation officielle à l'empire, était presque nn titre à l'animadversion publique.

Le premier acte de M. de Serre fit taire à son égard les rancunes nationales. Dans le dicours qu'il prononça, lors de l'installation des tribunaux , il sut, avec une rare habileté , vanter les mérites de cette sage nation allemande à laquelle la France venait de s'unir. La magnificence de son langage avait commandé l'admiration, la délicatesse de l'éloge lui gagna les cœurs.

M. de Serre possédait à un haut degré la plus précieuse des qualités du juge, celle de saisir promptement les affaires ; il y joignait une grande sûreté d'appréciation et cette profonde connaissance du droit qu'il n'avait acquise qu'au prix d'infatigables travaux. Une telle supériorité lui procura une grande considération au palais ; mais celle qu'il obtint au dehors, grâce à l'influence de sa personne, dut le toucher davantage encore. Il s'efforçait d'alléger pour le pays les charges de la guerre et de faire oublier ses excès en en prévenant le retour ; il déployait surtout une grande fermeté pour résister aux exigences de l'autorité militaire qui considérait trop les départements nouveaux comme une terre conquise et tributaire. — Tant de généreux services lui concilièrent l'affection et la reconnaisance des populations, et lorsque nos revers, en amenant la perte de nos provinces allemandes, le forcèrent à regagner la France, il emporta de ce pays, de précieux témoignages des sentiments qu'il avait su y inspirer.

Quarante ans se sont écoulés depuis que M. de Serre a cessé de présider la cour impériale de Hambourg ; la ville où elle siégeait, en redevenant libre, a promptement oublié une domination passagère, mais le souvenir de M. de Serre ne s'y est point effacé ; son nom transmis aux générations nouvelles, avec la reconnaissance des contemporains, est encore aujourd'hui respecté comme celui d'un bienfaiteur de la cité.

Quand l'empire fut tombé, que l'Europe victorieuse eut ramené et rétabli en France la dynastie des Bourbons, le gouvernement nouveau se rappela dans M. de Serre, l'émigré de 16 ans, le soldat de l'armée de Condé. Autant pour récompenser d'anciens services que pour s'attacher un magistrat d'une si grande valeur, il l'appela au siége vacant de la première présidence de Colmar.

M. de Serre n'avait ni provoqué, ni désiré le retour des Bourbons. Les souvenirs de sa jeunesse passée dans l'émigration, l'influence d'une jeune femme, douée de tous les agréments de la personne et de l'esprit, qu'il chérissait tendrement et dans la famille de laquelle il avait trouvé le culte de la dynastie à laquelle il s'était lui-même autrefois dévoué, avaient dû nourrir dans son cœur, sans néanmoins y entretenir des espérances, ces sympathies respectueuses qui survivent dans de nobles âmes à la chute des trônes et à l'abandon de la fortune. Il y resta encore une fois fidèle jusqu'au sacrifice. — Quand l'enthousiasme de l'armée et des populations eut ramené en triomphe l'Empereur à Paris et renversé de nouveau le trône des Bourbons, que les événements avaient relevé d'une manière si inattendue, M. de Serre quitta de lui-même ses hautes fonctions et sa patrie pour suivre ces princes dans leur second exil.

Pendant les Cent-Jours, il ne fut ni remplacé ni destitué. L'Empereur, qui appréciait la fidélité même envers ses ennemis, l'attendait sans l'appeler, laissant, pour ainsi dire, au cours naturel des choses, le soin de le ramener à lui. Cependant, le gouvernement n'ignora ni l'éloignement que M. de Serre lui avait ouvertement témoigné, ni l'éclat avec lequel il s'était séparé de son siége. Désirant le voir revenir, il laissa vacant, pour qu'il pût le reprendre, ce siége qu'on ne pouvait offrir à un plus digne.

La seconde restauration ramena M. de Serre à son poste. Ses opinions royalistes, sa fidélité à Louis XVIII, les actes éclatants par lesquels il l'avait prouvée, le désignèrent naturellement aux électeurs pour faire partie de la Chambre des députés. Il fut élu, heureusement pour les Bourbons, heureusement surtout pour la France. Cette chambre de 1815 renfermait en son sein des haines et des vengeances qui menaçaient, en débordant, de tout emporter; il se jeta au-devant du torrent, il en rompit les flots, et, s'il ne put l'arrêter tout entier, du moins il l'empêcha de causer plus de ravages.

M. de Serre faisait partie de ce petit groupe de députés qui, ne ressentant ni éloignement pour les hommes et les choses du régime déchu, ni embarras d'un passé dans lequel ils croyaient n'avoir rien à faire oublier, s'inspiraient de l'esprit de conciliation du Roi, s'associaient sincèrement à ses vues et secondaient loyalement sa politique.

Il se faisait remarquer au milieu d'eux par ses prédilections hautement avouées pour les institutions constitutionnelles et par un amour des libertés publiques qu'on eût pu trouver hardi pour l'époque. La Chambre, qui s'irritait à l'idée des obstacles que la Charte opposait à l'ardeur entreprenante de son zèle monarchique, n'écoutait pas sans murmurer un langage que l'assentiment du Roi protégeait mal. On la voyait alors éclater presque tout entière dans des transports d'amour pour la royauté, de colère contre la révolution, de récriminations ou de vengeance contre les serviteurs et les débris de l'Empire qui en avait hérité.

M. de Serre s'abritait dans l'inviolable autorité des principes, pour se défendre de l'entraînement funeste de pareilles passions, il s'armait, pour les combattre, de son ardent amour du bien public. Souvent, pendant le cours de cette première session, sa généreuse audace le porta à la tribune; il n'y fit entendre sa voix que pour s'opposer à ces mesures extrêmes qui contenaient des persécutions, ou pour s'efforcer d'arrêter la chambre dans cette voie d'impitoyable réaction où elle voulait entrer.

On se sent ému d'admiration et de respect en parcourant les discours qu'il prononça dans cette première assemblée, et qu'on ne retrouve cependant que mutilés par de sommaires analyses dans les journaux de l'époque. Quel langage réunit jamais plus d'élévation dans les sentiments, plus de simplicité et de noblesse dans l'expression ; emprunta plus de puissance à l'habileté vigoureuse du raisonnement et en communiqua davantage aux accents de la pitié !

Avec quelle énergie le courageux orateur repousse la peine de mort proposée contre ceux qui auront arboré le drapeau tricolore ! Plus tard, on le voit s'élever contre les proscriptions mal déguisées sous la dénomination d'amnistie ! il tonne avec une noble indignation contre la confiscation qu'une partie de la chambre veut rétablir en la colorant par un cruel artifice, d'un semblant de justice et de légalité ! — Avec quelle fermeté, au milieu de l'emportement général et malgré un rappel à l'ordre, il défend, contre les envahissements parlementaires, ce droit d'initiative que la charte réserve pour la royauté seule ! Avec quelle haute raison et quelle ferme logique il combat la proposition de rendre le clergé propriétaire, de lui affecter une rente de 42 millions, de lui restituer ses biens non vendus et d'en faire ainsi un corps dans l'Etat!

Nul ne défend plus hardiment la cause de la justice contre les rancunes du parti ultra-royaliste : il vole au secours des créanciers de l'arriéré dont on veut dénaturer les titres et diminuer les créances, et, comme on ose soutenir que ces titres et ces créances ont été injustement consentis, il s'écrie :

« L'injustice du passé nous révolte ; mais, Messieurs, si les siècles
« pouvaient se rapprocher, si, dépouillée de la mousse du temps, la
« racine de tous les droits pouvait se découvrir à nos yeux, pensez-
« vous que les droits les plus justement respectés aujourd'hui nous
« apparaîtraient purs de toute violence, de toute usurpation, de toute
« injustice. »

Malgré des épurations rigoureuses, les employés des services de l'État ne sont pas encore assez royalistes, au gré de la chambre qui demande, qui exige des épurations nouvelles ; M. de Serre ne craint pas de dire où conduit ce système :

« On se plaint que les ministres ne marchent pas. Je m'étonne, « moi, qu'ils puissent faire un seul pas, lorsque, si on ne les décré- « dite pas eux-mêmes, on décrédite au moins, on décourage leurs « subordonnés. Tout se paralyse, chacun hésite, lorsque chaque dé- « marche peut amener une accusation. Le caractère national s'al- « tère. La délation, horrible fléau, commence à infecter la France. « Il est temps qu'un emploi cesse d'être un crime et la confiance du « roi un titre de suspicion. »

Le gouvernement dont M. de Serre secondait les vues en cher- chant à contenir la violence du parti ultra-royaliste, ne tarda pas à se montrer reconnaissant envers lui. Le 1er janvier 1816, M. de Serre fut appelé à faire partie du conseil d'État, en qualité de con- seiller, avec MM. Molé, Royer-Collard, Siméon, de Gérando, Cu- vier, Portalis, Becquey, Portal, ces hommes éminents que le pouvoir devait nécessairement s'assimiler à quelque époque qu'ils vécussent. Le 27 juin suivant, il fut confirmé dans ses fonctions de premier président de la cour de Colmar : l'inamovibilité de la magistrature, bien qu'inscrite dans la charte, avait été subordonnée à l'institution royale.

Lorsque, pour affranchir enfin son gouvernement de l'oppression qu'exerçait sur lui une chambre qui ne connaissait point de bornes dans sa réaction, le roi se décida résolument à la dissoudre, M. de Serre fut encore un des hommes qu'il choisit pour présider les col- léges électoraux. Ainsi désigné par la confiance du monarque à celle des électeurs, il fut de nouveau chargé par le département du Haut- Rhin de le représenter.

La nouvelle chambre était plus modérée que l'ancienne : les élec- teurs avaient nommé en plus grand nombre des hommes qui sym- pathisaient avec les idées et les principes de M. de Serre. Aussi, le voyons-nous, dès le début de cette assemblée, choisi par elle comme un des candidats à la présidence. Mais il ne fut nommé que deux mois après, M. Pasquier lui ayant été préféré par le roi.

C'est vers cette époque que s'était formé le parti doctrinaire qui, faible en nombre, sous la restauration et sous le gouvernement qui l'a suivi, a, néanmoins, grâce à la valeur des hommes, exercé une influence si grande sur l'opinion et pris une part si considérable à la conduite des affaires du pays. M. de Serre entretint longtemps d'étroites relations avec lui. Quelques hommes seulement composaient ce parti : obscurs d'origine, mais supérieurs d'esprit et de vues, ils avaient puisé dans l'étude des idées et l'observation des faits, éclairées l'une par l'autre, certains principes, certaines règles de conduite dont ils avaient formé, en les couvrant, pour ainsi dire, de l'enveloppe mystérieuse d'un dogme politique, le corps de leur doctrine constitutionnelle. D'accord sur des points essentiels, ils avaient cependant chacun leurs vues propres, leur programme arrêté, qu'ils cherchaient à faire prévaloir dans les lois pour y ployer la société.

M. de Serre a eu, comme eux, sa doctrine. Ce n'est rien moins qu'un plan de réorganisation sociale, fortement conçu, comme tout ce qui est sorti de cette tête puissante. Il s'effraie des progrès que l'individualisme n'a pas cessé de faire en France depuis la révolution. L'isolement des individus, leur défaut de lien entre eux constituent, selon lui, un principe de dissolution si énergique et si actif, qu'il le montre, dans l'avenir, s'attaquant à la famille elle-même. Mais déjà il est arrivé à un tel point qu'en temps de conquête, les habitants du pays conquis perdent promptement leur caractère national, que l'on ébranle facilement la fidélité des peuples, que l'on excite des séditions, des révolutions même, qui ne rencontrent ni obstacles, ni résistance ; qu'il n'y a plus d'institutions ni de gouvernements stables. Le mal ainsi constaté, quel en sera le remède ?

« Il faut abandonner, dit-il, le système dissolvant de l'isolement
« des individus, revenir au principe de vie de tout gouvernement
« durable et bon, à l'association des intérêts. »

Et pour cela, il propose de constituer des classes, des corporations, des cités qui, reliant chacune leurs membres par une communauté d'intérêtsdistincts de ceux des autres, forment un ensemble de forces qui se balancent et maintiennent ainsi l'équilibre dans l'État.

Pour appliquer ce système à la loi électorale qu'on discute, il cherche, selon son expression, « quels sont les grands intérêts qui « ont surnagé sur le torrent de la révolution, » et il n'en trouve que deux à placer l'un à côté de l'autre pour les faire coexciter et agir parallèlement : l'industrie qui est dans les villes, la propriété foncière qui est surtout assise dans les campagnes. C'est pourquoi il propose de créer dans chaque département un collége exclusivement composé des habitants des villes, et un autre exclusivement composé des habitants des campagnes, se réunissant à quinze jours d'intervalle.

Ce système, bien qu'habilement présenté et éloquemment défendu, était, il faut le reconnaître, antipathique à nos mœurs; il ne fut donc point accueilli. La France a le génie de l'unité; elle sait que l'unité fait sa force, et elle y tient comme à la plus précieuse de ses conquêtes.

Le nom et l'influence de M. de Serre avaient grandi dans l'opinion. Son talent ne connaissait plus de rival dans l'assemblée ; sa parole y avait conquis une autorité qui tenait peut-être autant de l'estime que commandait son caractère que de l'entraînement qu'elle y exerçait sur les esprits.

La Chambre lui témoigna ses sympathies en l'appelant, à deux reprises, à la présider pendant les sessions de 1817 et 1818. Les procès-verbaux des séances constatèrent que M. de Serre avait dû, en sa qualité de plus jeune des députés, remplir provisoirement les fonctions de secrétaire. Ainsi, à sept ans d'intervalle, il avait eu deux fois l'honneur de présider une compagnie et une assemblée composée d'hommes tous plus âgés que lui. Il venait d'être présenté pour la quatrième fois comme l'un des candidats à la présidence de la Chambre des députés, quand le ministère Richelieu étant venu à se retirer, il fut appelé par le Roi dans son conseil, en qualité de garde des sceaux, ministre de la justice.

M. de Serre fut l'âme du nouveau ministère comme il en fut

l'orateur. Trois années de travaux et de luttes parlementaires avaient porté son talent à son plus haut point de perfection. Sûr de lui-même, il se jetait hardiment dans des improvisations où se manifestait, mieux que dans des discours préparés, toute la puissance de sa parole. Aucune question ne lui était étrangère ; il discourait de tout avec une facilité et une connaissance intime des choses qui étonnaient même les hommes spéciaux. Maître des émotions de la tribune et préparé à y soutenir toutes les luttes, il était, chose bien précieuse chez un ministre, dans une chambre où la profonde division des opinions amenait sans cesse des tempêtes, en état d'y affronter, en les repoussant, les attaques des partis.

En arrivant aux affaires, M. de Serre s'occupa immédiatement de la réalisation des principes du gouvernement constitutionnel, dont la mise en œuvre complète, sincère, pouvait seule, selon lui, assurer le maintien de la monarchie. Les deux plus graves questions, dans un pareil gouvernement, sont les conditions et la forme des élections, l'étendue et les garanties de la liberté de la presse.

Depuis 1815, la loi sur les élections, sans cesse discutée et examinée, avait prouvé, par la longueur et la vivacité des débats auxquels elle avait donné lieu, que les partis en attendaient leur avènement ou leur déchéance.

Grâce aux efforts du parti doctrinaire et de M. de Serre en particulier, elle avait été maintenue dans l'esprit le plus libéral, avec l'unité de collége, le suffrage direct et le cens à 300 fr. Une dernière tentative faite par le parti royaliste exagéré pour renverser cette loi, était venue se briser contre la résistance du ministère.

Restait donc la liberté de la presse.

Bien qu'inscrite dans la charte avec la promesse d'une loi qui en réglementerait l'usage, elle n'avait encore été l'objet que de dispositions provisoires. Les ministres avaient compris que cette arme puissante servirait plutôt à les attaquer qu'à les défendre, et redoutaient pour la monarchie elle-même l'accomplissement de la parole donnée dans le pacte fondamental. L'œuvre était donc à faire tout entière. Le moment semblait propice : la libération du territoire, l'abaissement du parti ultra-royaliste, la tranquillité du pays, la prospérité nationale devaient faire espérer que la France allait enfin jouir avec calme des institutions nouvelles. Cette espérance trompa M. de Serre, il crut possible d'accorder toute la liberté promise. La charte fut la base de son œuvre, et sur cette base, il édifia le plus magnifique monument qu'on ait jamais conçu pour la presse, mais qui atteste plutôt l'élévation de ses pensées que la sagacité de ses vues politiques.

Comme les doctrinaires, ses amis et les collaborateurs de ses lois, il se préoccupait plus d'être exact et logique dans la déduction des principes qu'il avait admis, que d'apprécier avec soin quelles en seraient les conséquences pratiques; ainsi l'on ne saurait nier que les lois de 1819 aient été funestes à la monarchie.

Malgré les patriotiques efforts des serviteurs comme M. de Serre, des hommes opiniâtres dans leur antipathie s'appliquaient à persuader à la France qu'elle ne devait point faire alliance avec les Bourbons, parce qu'ils conservaient à ses yeux la tache de leur origine : l'invasion étrangère, le renversement d'un souverain préféré, la proscription de ses partisans. — Les journaux, libres de toute entrave sérieuse, ravivèrent les haines et les rancunes nationales et en firent naître de nouvelles. Le jury, ce juge indulgent auquel on avait confié le soin de réprimer les écarts de la presse, ne sévit que mollement; ses rares condamnations bruyamment publiées excitaient plus de colère qu'elles n'inspiraient de crainte.

Cependant, les lois de 1819 trop absolues pour l'époque ou pour le pays dans lequel elles ont été appliquées, portent en elles un cachet de grandeur qu'il est impossible de méconnaître. OEuvre complète, savante, habilement élaborée, elles sont le plus parfait modèle d'une législation dans laquelle on voudra inscrire le principe de la liberté de la presse. Ce qui prouve mieux leur mérite qu'aucun éloge ne pourrait le faire, c'est l'hommage qui leur a été rendu par toutes les lois postérieures: à chacun des nombreux changements qu'a subis le régime de la presse, on a vu les lois nouvelles renvoyer, pour la défi-

nition des délits et même pour d'autres points, à celle de 1819 ; et
en effet, celles-ci sont encore, pour une notable partie, aujourd'hui
en vigueur.

La discussion à la chambre des députés fut calme et solennelle :
M. de Serre en supporta tout le poids.

« Jamais, depuis l'établissement du gouvernement représentatif, a
« dit M. de Cormenin, en aucun débat, aucun ministre ne s'éleva à
« la même hauteur que M. de Serre. Il se montra tour à tour,
« homme d'Etat dans les considérations politiques du sujet, juris-
« consulte dans la gradation des pénalités, orateur dans la réfutation
« de ses adversaires (1). »

A l'appui de cette opinion d'un juge si compétent, que ne puis-je,
Messieurs, vous faire entendre tout entier quelqu'un de ces admi-
rables discours, les plus beaux peut-être entre les modèles de notre
éloquence parlementaire ? Relisez-en plusieurs trop peu connus,
ceux, par exemple, que M. de Serre prononça sur les offenses envers
la religion, sur le jury, sur les immunités réclamées en faveur
des opinions écrites des députés, et vous direz avec un auteur
contemporain, que jamais plus splendide parole n'a remué les
assemblées (2).

Après la promulgation des lois de la presse. M. de Serre présenta
aux chambres, et leur fit adopter une mesure digne de la civilisation
avancée de la France et de la générosité de son caractère national. La
loi du 14 juillet 1819, rendue telle qu'il l'avait proposée, effaça à jamais de notre législation cet antique droit d'aubaine que les rédac-
teurs du code y avaient introduit de nouveau.

De pareilles lois, en montrant l'esprit de progrès, la sagesse et la
modération du garde des sceaux, popularisaient son administration.
Chaque jour, la presse exaltait ses hautes qualités comme ministre,
son éloquence comme orateur, et, dans ce concert presque unanime,
les feuilles libérales elles-mêmes, aussi bien que les journaux royalistes, lui accordaient leur tribut d'éloge et d'admiration.

---

(1) M. de Cormenin. — *Livre des orateurs.* — Portrait de M. de Serre.
(2) M. de Lamartine. — *Histoire de la Restauration*, tom. 6, p. 211.

3

Mais voilà que tout-à-coup, un mot, un seul mot, échappé à l'orateur, dans la fougue de l'improvisation, vint faire oublier tant de
services et soulever contre lui plus de colères et de haines que sa parole n'avait jamais excité d'enthousiasme.

Des pétitions nombreuses demandaient le rappel des bannis. M. de
Serre, après avoir indiqué ceux des proscrits qui pouvaient espérer
de revoir leur patrie, s'écria : « Quant à ceux-ci, confiance entière
« dans la bonté du roi ; quant aux votants de la mort de **Louis XVI**,
« quant aux régicides, jamais*!* »

Ce mot terrible retentit comme un éclat de tonnerre au milieu de
la chambre qu'il ébranla tout entière. — La droite applaudit, —
c'était la première fois depuis longtemps que M. de Serre en recevait
des marques d'assentiment ; leur ardeur même dut serrer son âme. —
La gauche fit entendre un immense cri de réprobation et de menace,
que les échos de la presse libérale portèrent partout : Elle traita désor-
mais le garde des sceaux en irréconciliable ennemi. — Celui-ci, dé-
savoué par le gouvernement, sinon d'une manière formelle, au moins,
en fait, par le rappel de quelques-uns des votants, supporta seul le
poids de l'indignation publique, et ne fit rien pour la calmer.

Trop grand et trop fier pour descendre à se justifier publiquement,
il garda pour les épanchements de la famille et de l'amitié une ré-
vélation qui, en répartissant la responsabilité de la faute, eût at-
ténué la part qui lui en serait restée. M. de Serre n'était point l'auteur de l'inexorable arrêt qu'il avait si sévèrement formulé contre
les régicides. Cet arrêt avait été discuté et résolu la veille par le
conseil des ministres ; le garde des sceaux avait dû lui prêter son
organe, et il n'avait fait que remplir un devoir en le prononçant.
L'histoire, cependant, a fait peser sur lui seul le reproche de ce
mot, hélas ! trop fameux ; elle l'a montré comme une tache dans une
vie si pure ; j'aurais pu la cacher à vos yeux : j'ai préféré, en l'effa-
çant, rendre à la figure dont je retrace les traits sa noble sérénité.

Cet événement ne fit que hâter une rupture rendue depuis quelque
temps inévitable.

Les libéraux, devenus plus forts par leur nombre dans la Chambre, et, au dehors, par les sympathies de l'opinion, portaient si haut leurs prétentions et poussaient si loin leurs exigences, qu'il devenait presque également impossible à un serviteur dévoué des Bourbons de les satisfaire ou de les contenir. Sûrs de l'appui du pays, dont ils se flattaient de mieux comprendre les sentiments et les intérêts que les royalistes aveuglés par leurs préjugés ou égarés par leurs rancunes, ils avaient passé de la défense à l'attaque : aussi était-il arrivé qu'emportés au-delà des bornes en poursuivant ce parti, ils avaient ébranlé le trône qui l'avait imprudemment laissé s'abriter derrière lui.

A chaque renouvellement partiel des députés, leurs rangs s'étaient fortifiés de tant de recrues, qu'aux élections prochaines ils devaient nécessairement conquérir la majorité si la loi électorale n'était point changée. Dans cette situation qui était un péril, M. de Serre ne consulta que son dévouement pour la monarchie et pour la personne du Roi, il se rejeta en arrière, oublia un instant les principes qu'il avait jusque-là défendus, et s'offrit lui-même à briser des lois qui étaient son ouvrage. Et cependant il conservait au fond du cœur le culte de ces idées dont la réalisation avait été le rêve de son esprit et le but de ses efforts : il comptait qu'un temps viendrait où il pourrait rendre aux libertés publiques ces garanties constitutionnelles dont il les avait si largement dotées naguère, et que maintenant il aidait des mains moins généreuses à leur retirer.

Il fut décidé qu'on proposerait aux Chambres de modifier le système électoral en le faisant reposer sur des bases plus étroites, et M. de Serre consentit à faire partie du ministère qui se formait dans le but de faire triompher cette proposition. Ce dut être pour lui un cruel sacrifice : en se dépouillant de son rôle de défenseur des institutions nouvelles, il se dépouillait de tout ce qui avait fait sa gloire et sa popularité; et, en échange de ce qu'il perdait, il ne pouvait pas même compter sur la reconnaissance de ce parti roya-liste qui l'accueillait plutôt dans ses rangs qu'il ne se rangeait sous sa loi, et qui lui marquait au moins autant de défiance que de satisfaction en acceptant son concours et son appui.

Un instant épuisé par les fatigues de deux sessions dont il a, seul des ministres, à peu près, soutenu tout le poids , il s'éloigne , il va demander au climat plus doux de Nice de lui rendre les forces que les luttes et les émotions de la tribune lui ont ravies. Mais bientôt les orages se reforment en son absence ; déjà ils font entendre de toutes parts leurs sourds grondements; enfin ils éclatent dans la Chambre , et l'émeute qui s'agite à ses portes menace d'y joindre les troubles populaires. On rappelle en hâte M. de Serre ; il part encore souffrant et arrive au moment où le ministère chancelant, découragé, hésite sur ce qu'il doit faire et s'apprête à reculer. Sans songer qu'il compromet à jamais une santé peut-être atteinte dans le principe de la vie, il se jette au plus fort de la mêlée, il appelle sur lui tous les efforts et tous les coups ; seul contre la gauche entière, qui, désespérant de le vaincre dans un seul combat, semble entreprendre de le réduire à la longue en le harcelant sans cesse , il lui fait face de tous les côtés pour répondre à ses attaques, et ne se retire jamais du combat sans en remporter un avantage.

Quelle lutte ardente et terrible ! Pendant quinze jours , à chaque séance, la foule assiége les portes de la Chambre et vient, en vociférant l'injure contre les ministres et la menace contre les députés, y réclamer en tumulte le maintien de la loi des élections. Chargée et dispersée par la garde royale, bientôt elle se reforme et revient, plus compacte et plus furieuse , reprendre sa place et ses bruyantes manifestations : ses acclamations pénètrent jusque dans le sanctuaire des lois et y suscitent des tempêtes qui répondent à son tumulte et augmentent sa colère.

La gauche , qui veut intimider les ministres, loin de contenir l'émeute, lui applaudit et l'encourage ; ses membres les plus chers à l'opinion se pressent à la tribune et y multiplient les interpellations. Manuel , le général Foy, Benjamin Constant , y demandent compte des libertés mises en péril , des privilèges de la Chambre méconnus, des violences exercées contre les citoyens , du sang qui a coulé dans les rues de la capitale. Ils n'y rencontrent qu'un seul ministre, mais c'est M. de Serre, et il ne laisse à nul de ses adversaires le droit de dire qu'il l'a fait reculer ou l'a vaincu.

Dans cet engagement héroïque, les sympathies du pays étaient pour les libéraux, parce qu'ils combattaient pour une cause qui était la sienne ; mais la défaveur de l'opinion ne pouvait ni abattre ni rabaisser le courageux ministre. Les ovations avaient beau pousser ses adversaires pour les grandir, elles restaient impuissantes à les élever au-dessus de lui. Le prix de la lutte lui resta, prix équivoque, car l'histoire n'a pas dit encore s'il faut plaindre ou féliciter M. de Serre de l'avoir obtenu.

Soixante voix se détachèrent de la gauche et votèrent avec le ministère pour la loi nouvelle ; au début de la lutte, le ministère paraissait vaincu : il la ferma par cette victoire.

On a dit que ramené mourant de la mémorable séance où fut proclamé ce succès, entouré de ses amis, de sa famille qui le pressait dans ses bras, M. de Serre restait morne et silencieux ; mais que, trahissant enfin l'objet de l'étrange abattement sous lequel semblait s'affaisser son âme, et comme pour se soulager du poids d'une secrète douleur, il prononça sur la loi dont il venait d'emporter le vote ces tristes et prophétiques paroles : « Elle donne dix années de répit aux Bourbons, dix années de prospérité à la France. »

Cette scène témoignera devant la postérité de la grandeur du sacrifice qu'il s'était imposé pour sauver la monarchie.

Les modifications apportées au système électoral eurent le résultat qu'on devait en attendre : elles ouvrirent les portes de la Chambre des députés aux royalistes exagérés. M. de Serre, en appelant par la loi nouvelle les hommes de ce parti à la défense de la monarchie, avait déjà fait violence à ses propres convictions, compromis son influence et sacrifié sa popularité ; cependant, il fit plus encore pour eux, il leur prêta l'appui du gouvernement dans les élections et se les associa bientôt dans la direction des affaires.

Tant de services si généreusement rendus à la cause de la monarchie et à celle du roi, tant d'avances faites et tant de gages donnés à ceux qui s'en prétendaient les défenseurs exclusifs, ne purent concilier à M. de Serre les sympathies ou du moins lui procurer le concours de ses anciens adversaires. Dès que ceux-ci se sentirent

puissants, oubliant ce qu'ils devaient au ministère et par une ingratitude que le succès même ne devait pas absoudre, retournant contre
lui la force et le crédit qu'il leur avait apportés, ils entreprirent de
le forcer à se retirer. Et comme les ministres, moins pour conserver
leurs portefeuilles que pour ne pas les laisser tomber dans des mains
devenues si promptement ennemies, soutenaient la lutte, en résistant
à leurs tendances, on vit, pour la première fois, les partis les plus
opposés se rapprocher et former une coalition pour les renverser.
Les libéraux et les royalistes unirent leurs efforts contre un ministère qui, en ne voulant pas s'écarter des principes du gouvernement
constitutionnel, ne satisfaisait ni les uns ni les autres.

Louis XVIII, qui avait proclamé M. de Serre le sauveur de la
France et de la monarchie, essaya bien de le défendre contre les attaques de ces adversaires, que réunissait moins la communauté des
vues qu'une compétition simultanée du pouvoir ; mais il était trop
affaibli par l'âge et les infirmités pour trouver en lui-même l'énergie
et la persistance qui auraient été nécessaires pour maintenir, à son
ministre, sa faveur et son appui.

Abandonnés par le roi et ne disposant plus de la majorité, qu'un
coup de tactique semblait avoir tournée contre eux, M. de Serre et
ses collègues cédèrent enfin ; ils se retirèrent, laissant le pouvoir à des
mains qui ne le possédèrent pas longtemps sans se le voir disputer.

En quittant le poste éminent où il avait déployé, au profit de la
monarchie, tant d'abnégation et de dévouement, M. de Serre ne re-
cueillit même pas les simples témoignages de sympathie que le pays
accorde quelquefois, dans leur disgrâce, à ceux qui l'ont bien servi.
L'opinion qui semble, hélas ! n'avoir d'amour et d'admiration que
pour les hommes qui prônent les partis, parce qu'ils s'en font des
instruments, resta indifférente à sa chûte ; c'est à peine si, après les
attaques dont il avait été de toutes parts l'objet, il lui restait encore
quelques admirateurs discrets de son talent, quelques adhérents
timides de ses vues et de sa politique.

Toutefois, en quittant la place qu'il avait occupée avec tant d'é-
clat à la tête de la magistrature, il emporta avec lui les regrets de

cet ordre judiciaire qu'il avait, en même temps, dans des jours si difficiles, dirigé par ses conseils et ses instructions, soutenu et encouragé par ses exemples.

Il n'avait ouvert le sanctuaire qu'aux hommes qui pouvaient y honorer le sacerdoce par le talent, par la science, par le caractère ou par la vertu. Il le rouvrit à ceux que la politique en avait fait sortir, ou que la persécution en avait bannis. A ses yeux, ce n'était point une faute d'avoir servi le gouvernement impérial, qui avait été celui de la volonté nationale; il ne regardait pas comme une infidélité la reconnaissance que l'on conservait de ses bienfaits. Il ne dédaignait pas la naissance, lui qui aurait pu devoir beaucoup à la sienne; mais, avant la recommandation du nom et des ancêtres, il faisait encore passer celle du mérite personnel qui répond de l'homme après son élévation.

Bien que les travaux des Chambres et les soins de la politique lui eussent fait une nécessité de confier à un sous-secrétaire d'État l'administration de son ministère, M. de Serre lui imprimait cependant lui-même la direction et mettait souvent la main aux affaires pour peu qu'un intérêt sérieux y requît sa propre intervention.

Il a adressé aux parquets des cours et des tribunaux des instructions qui font encore leurs règles. Empreintes du sentiment profond de la justice, du devoir et de l'humanité, elles touchent à l'égal des exhortations les plus austères et les plus généreuses du moraliste; en même temps que le talent s'y montre jusque sous les formes de la procédure, l'âme de l'homme de bien s'y révèle dans le respect qu'il commande à tous pour la liberté et pour les droits des individus. Je demande à ceux qui les ont lues, qui les ont méditées, qui en ont inspiré leur conduite et leur langage, s'ils n'ont pas trouvé dans ces simples circulaires du garde-des-sceaux, des pages que n'effacent point, par leur éclat, les plus beaux des discours de l'orateur, et si leur culte ne va pas avec leur reconnaissance et leur admiration à celui qui les a signées.

A la suite de cette session de 1821 à 1822, durant laquelle tous les revirements de la politique semblaient s'être réunis pour éprouver son courage, M. de Serre fut encore atteint d'un de ces coups par lesquels la fortune se plaît à montrer aux hommes qu'elle a comblés de ses faveurs , combien peu de fondement il faut faire , même sur celles qu'elle parait avoir le mieux et le plus solidement placées.

Le pays fut appelé à renouveler la Chambre qui le représentait ; l'homme qu'il avait vu pendant sept années, comme député ou comme ministre, défendre avec tant d'ardeur et de dévouement ses intérêts les plus graves et ses libertés les plus chères, l'homme que toutes les bouches proclamaient le plus grand orateur de son temps, ne fut point réélu, n'eut plus de place dans cette Chambre dont il était, la veille encore, la gloire et l'honneur.

Quand, des hauteurs du pouvoir où il s'était élevé par son génie et sa vertu, M. de Serre fut ainsi rejeté dans les rangs des simples citoyens , qu'il vit se fermer pour lui jusqu'à l'accès de cette tribune qui avait si longtemps retenti des nobles accents de sa parole, pourquoi ne songea-t-il pas que le barreau d'où, jeune et plein de force, il avait mis à la voile pour voguer vers un si brillant avenir, était le seul port qui pût, après un pareil naufrage, lui offrir un refuge assuré et digne de lui ?

Du rivage hospitalier où nous sommes, nous contemplons, en effet, les orages sans les subir ; à son approche, les vents se taisent, l'inconstance de souffles et de changeants mirages ne s'y jouent des destinées de personne. Le calme et la paix y protégent le travail , le succès y couronne les efforts, la fortune même y a des faveurs pour le talent. On dit que l'intérêt s'y attache à la jeunesse, mais l'âge et l'expérience y appellent surtout la confiance et le respect. On ne s'y dispute point le pouvoir, on n'y rivalise que de bonne volonté et de dévouement ; même au sein de l'égalité confraternelle , les notabilités s'y élèvent et s'y conservent ; un nom qui brillait déjà peut, dans nos libres suffrages, s'y revêtir encore d'un nouvel éclat, et une parole renommée y trouver des échos pour la préserver de l'oubli.

Mais M. de Serre à cet asile, où il pouvait attendre sans rester ignoré, préféra l'exil qu'on lui offrit, déguisé sous le titre officiel de l'ambassade de Naples, et d'une mission diplomatique au congrès de Vérone. D'ailleurs il comptait, espérant peut-être dans des temps prochains et meilleurs, sur le repos et la douceur du climat, pour refaire ses forces épuisées et se consoler de l'injustice et de l'ingratitude des partis. Mais, sous ce ciel pur et serein, l'uniformité de la vie contemplative, en ouvrant, malgré lui, son âme aux amers souvenirs, y ralluma des passions qui n'y trouvèrent point d'autre aliment qu'elles mêmes et la consumèrent. Les yeux tournés vers cette tribune, objet de ses regrets, et où s'agitaient sans lui les destinées de la France, il s'imaginait que la providence lui réservait d'y livrer encore des combats pour la cause de la monarchie et du roi, que les impatiences et les fautes de ses serviteurs semblaient déjà précipiter vers l'abîme.

M. de Serre se flattait que les électeurs de la Moselle, où les hommes lui devaient tant, le rappelleraient sur le théâtre de ses triomphes par leurs suffrages. Ce rêve qu'il caressait avec amour et dont il entreprenait de faire une réalité, occupait son esprit, nourrissait ses espérances et soutenait son courage. Hélas ! il ne devait le conduire, malgré les généreux efforts sortis de ce barreau, qu'à une dernière déception.

Le roi avait refusé à M. de Serre la présidence d'un collége électoral ; ses ministres allèrent plus loin, ils combattirent la candidature de leur ancien collègue. M. de Villèle mit toute son habileté et tout son crédit à détacher de la cause de M. de Serre jusqu'à ses plus intimes amis, et, faut-il le dire, il y réussit. Leur attitude amena son échec ; il ne put le supporter et mourut de l'ingratitude des hommes et de sa défaite. Grand par le caractère, comme il était puissant par la parole, M. de Serre n'avait jamais senti, même au milieu des plus violents orages, sa résolution fléchir, son courage chanceler. Cependant il ne put tenir à l'abandon, et son cœur se brisa à cette suprême épreuve.

Dès ce jour, il ne fit plus que languir ; le 24 juillet 1824, il s'éteignit à Castellamare, précédant seulement de quelques jours dans la tombe le monarque au service duquel il avait mis tous les dons qu'il avait reçus du ciel et usé sa vie.

Tandis que la France en accueillait la nouvelle avec une indifférence dont l'histoire s'est déjà affligée, un monarque étranger donnait à l'exilé de magnifiques funérailles, sur ces bords où la destinée avait voulu qu'il expirât : il rendait ainsi à la mémoire de ce grand citoyen les honneurs qu'oubliait de lui rendre son pays.

Quoi ! maintenant encore, nos hommages auraient besoin de traverser les mers et de vaincre cet oubli pour aller, sur une autre terre et dans le passé, trouver sa cendre et son nom......!

Espérons qu'un jour sa gloire aura son monument dans notre patrie..... Grâces donc, vous soient mille fois rendues, Messieurs, pour m'avoir permis de poser cette humble pierre aux lieux où elle a commencé de briller.

Metz. — Imp. de V. MALINE.

www.ingramcontent.com/pod-product-compliance
Lightning Source LLC
LaVergne TN
LVHW010506060726
842527LV00005B/1907